Die Frühlingsflamme

Aus der Höhe kommt die wärmende Flamme,
Sie senkt sich herab vom Bergeskamme.
Sie schmilzt den Schnee, macht die Wiesen grün,
Und alle Blumen neu erblühn.

Rössliballspiel

Die Rösslein scharren auf ihrem Stand,
Die Bälle fliegen von Hand zu Hand.
Der Fritz hat dazu kein Talent -
Lässt fallen den Ball und das Spiel ist zu End.

Der Seiltänzer

Hoch in den Lüften siehst Du ihn schweben
Und seine Balancierstange heben.
Auf schwankem Seil vollführt er den Tanz,
Er wagt und gewinnt - und erobert den Kranz.

Im Kegelklub

Der Kegler wägt, schiesst, trifft, rum bum,
Die Kegel fliegen alle um.
Und bleibt der König stehn im Kreis,
Bedeutet das den ersten Preis.

Im Kränzchen

Im Kränzchen kommts nicht so drauf an
Da bleibt wohl mancher Kegel stahn.
Wird nicht gewägt, nicht viel gezielt,
Zur Unterhaltung wird gespielt.

Das Spinnennetz

Die Räuberin spinnt die Opfer ein,

Man hört von fern sie um Hilfe schrein.

Nun kommt die Rettung von der Schmach,

Der Untat folgt die Strafe nach.

Unwetter

Es regnet, donnert, stürmt und blitzt -
Wohl dem, der jetzt im Trocknen sitzt!
Wer einen Schirm hat, wird nicht nass,
So macht ihm auch der Regen Spass.

Nachtwache

Unstet ist der Soldat im Feld
Und müde kehrt er heim ins Zelt.
Im Mondesschatten ruht die Wacht -
S'ist Frieden im Land, gut Nacht, gut Nacht!

Ständchen

O reiner, tiefer Geigenklang!
Wie stimmst du fein zum Grillensang.
Du wiegst im roten Abendschein
Mich leis in sanften Schlummer ein.

Herbstzug

Der Herbst leucht von den Bergen rot,

Noch einmal vor des Winters Not.

Er ladet euch im bunten Reihn,

Zum frohen Abschiedsfeste ein.

Auf dem Eise

Der Frost haucht kalt, der Winter starrt,
Der See ist spiegelglatt und hart.
Beim Eislauf schwindet jede Beschwer,
Da gibt es keine Kälte mehr.